CRÔNICAS DE NATAL

Austregésilo de Athayde

Crônicas de Natal

Ilustrações: Odilon Moraes

Dados Internacionais de Catalogação na Publicação (CIP)
(Câmara Brasileira do Livro, SP, Brasil)

Athayde, Austregésilo de, 1898-1993.
Crônicas de Natal / Austregésilo de Athayde ; ilustrações Odilon Moraes. – São Paulo : Paulinas, 2013.

ISBN 978-85-356-3609-3

1. Crônicas brasileiras 2. Natal I. Moraes, Odilon. II. Título.

13-09014 CDD-869.93

Índice para catálogo sistemático:

1. Crônicas : Literatura brasileira 869.93

1ª edição – 2013

Direção geral: *Bernadete Boff*
Editora responsável: *Andréia Schweitzer*
Copidesque: *Simone Rezende*
Coordenação de revisão: *Marina Mendonça*
Revisão: *Ana Cecilia Mari e Sandra Sinzato*
Gerente de produção: *Felício Calegaro Neto*
Projeto Gráfico: *Manuel Rebelato Miramontes*
Ilustrações: *Odilon Moraes*

Paulinas

Rua Dona Inácia Uchoa, 62
04110-020 – São Paulo – SP (Brasil)
Tel.: (11) 2125-3500
http://www.paulinas.org.br
editora@paulinas.com.br
Telemarketing e SAC: 0800-7010081

O povo que andava na escuridão
viu uma grande luz,
para os que habitavam as sombras da morte
uma luz resplandeceu...
Nasceu para nós um menino,
um filho nos foi dado...
Seu nome será Maravilhoso Conselheiro,
Deus Forte, Pai para sempre,
Príncipe da Paz.
(Is 9,1.5)

Apresentação

Vana Verba. Formado na leitura dos clássicos no seminário da Prainha, ele escolheu a expressão latina para encimar seus artigos, como se desde o início confessasse um irônico ceticismo em relação às palavras que escrevia. Seu amigo Marques Rebelo discordava: "Nenhuma palavra é vã na pena ágil, percuciente, corajosa, elevada, claríssima de Austregésilo de Athayde, pena marcada sempre por um acendrado amor à liberdade" escreveu o autor de *A estrela sobe*, acadêmico com quem ele manteve amizade fraterna.

Menino nascido em Caruaru, batizado Belarmino Maria. Chamado Manoca durante a infância no interior do Ceará, na adolescência, no Seminário da Prainha, retomou seu nome de batismo e, mais tarde, no Rio de Janeiro, tornou-se conhecido como Austregésilo de Athayde.

Esse nordestino com feições marcadas de caboclo era homem contraditório; cético, acreditava no poder do sonho; agnóstico, insistiu junto aos seus pares na comissão de juristas que redigiu a Declaração Universal dos Direitos Humanos, em Paris, 1948, na expressão "o homem foi criado à imagem de Deus"; pragmático, voltava-se para a realização de ideais por muitos considerados puro delírio.

Contraditório também ao qualificar a palavra, escrita diariamente nos artigos incontáveis e pronunciada com eloquência em conferências e discursos, como vã

– e, no entanto, a palavra foi seu instrumento e ferramenta de luta. Passou a vida escrevendo, na defesa de suas ideias. E nas entrelinhas das palavras buscou, durante toda a sua vida, entender Deus pelo esforço do cérebro, quando estava tão perto do seu coração.

Mais tarde, adolescente, observava as estrelas no firmamento das noites claras do Ceará e imaginava que todo aquele deslumbramento deveria ser obra de um Ser Altíssimo, que ele pretendia servir como sacerdote e no qual acreditava piamente, piedosamente, mas cuja existência sua razão insistia que precisava compreender.

Não compreendeu a existência de Deus pela razão, mas entendeu o mundo. Desde criança recebeu lições de liberdade do pai, o austero juiz Feliciano Athayde. O liberalismo político estava no seu sangue, herdado do bisavô materno, Antônio Vicente do Nascimento Feitosa, revolucionário pernambucano de 1848, a quem ele homenageou, dando seu nome ao segundo filho; prosseguiu imbuído daquilo que chamava "a posição vertical do homem" nas lições recebidas de Rui Barbosa e na leitura de autores liberais. Forjou sua consciência legalista na luta pela Constituição, em 1932 e, depois, no exílio. Prosseguiu no combate ao Estado Novo e às ditaduras nazista e fascista na Europa. Nesse tempo todo foi profeta e combatente pelas suas ideias. E todo esse cabedal serviu para embasar sua atividade na redação da

Declaração Universal dos Direitos Humanos, em Paris, 1948, trabalho de que tanto se orgulhava.

Durante trinta e cinco anos a Academia Brasileira de Letras esteve sob sua presidência. Eleito pela primeira vez em 1958, Austregésilo de Athayde foi reeleito seguidamente por seus pares, até que morreu no exercício do mandato de 1993. Ainda podemos vê-lo hoje – tal como ele, em sua vida, via os acadêmicos do passado – nas sessões públicas e solenes com seu fardão, sua faixa e medalhas, no rito quase monástico, mas no qual não faltavam pompa e circunstância. E, na primeira fila da plateia, D. Maria José, a Jujuca, amorável, com um sorriso quase irônico, como se visse em tudo, mas com todo respeito, uma ponta de ridículo. Companheira fidelíssima até o seu fim prematuro, amorosa com filhos e netos, num relacionamento ao qual não faltava uma pitada de saudável loucura. Ela o ajudou durante toda a vida em comum e colaborou em todas as horas dos últimos trinta e cinco anos de sua vida, tempo em que ele trabalhou sem descanso para prover a Academia de um patrimônio sólido, como afirmaram Arnaldo Niskier e Alberto Venancio. Sem ela, essa Academia não seria o que é hoje.

Segundo Barbosa Lima Sobrinho, Athayde não se preocupava em acumular bens, foi sempre um assalariado e o que lhe sobrava no fim do mês – quando sobrava – ia para uma caderneta da Caixa Econômica, aberta em 1918 e na qual jamais tocou, mas foi confiscada quando o neto do homem que lhe deu o primeiro emprego, naquele mesmo 1918, congelou o que ele tinha, deixando-o furioso, com apenas 50 cruzeiros em caixa.

Contraditório mais uma vez: econômico, não se preocupava em aumentar o seu patrimônio, mas sim em enriquecer o da Academia. O resultado temos aí, diante de nós, o belo prédio no bairro do Castelo, no Rio de Janeiro, que por iniciativa do acadêmico Evaristo de Moraes Filho chama-se Palácio Austregésilo de Athayde.

No entanto o que ficará da obra de Athayde, aquele momento de sua vida em que ele se tornou história, não é a obra física que realizou na Academia. Permanecerá, sim, a palavra que define a dignidade do ser humano, a palavra que exige respeito ao ser humano. A palavra não é sólida, não foi construída de ferro e cimento armado. Trata-se apenas de som que fica suspenso no ar ou de letras impressas no papel. Mas a palavra liberta e permanece no tempo, quando gravada no coração dos homens.

Esta palavra que Athayde ajudou a escrever perdurará enquanto houver entre os homens um mínimo de consciência da sua humanidade. A palavra por ele legada é a sua melhor herança; cabe-nos agora impedir que ela se torne vã. E lutar para que os direitos por ela garantidos se transformem em plena realidade.

Laura Sandroni

Escritora,
mestre em Literatura Brasileira,
membro do Conselho Diretor da FNLIJ,
filha de Austregésilo de Athayde

AUSTREGÉSILO DE ATHAYDE

O NATAL DE MINHA VIDA

Perguntaram qual a minha maior lembrança de Natal. Dessas perguntas que fazem para encher jornal, nas festas de fim de ano.

As maiores lembranças, quando se chega na idade de avô, são as de tempo de menino. Era a Noite de Festa, cheia de tanto mistério, com as pequenas árvores iluminadas, os humildes brinquedos de barro: uma panelinha, uma moringa pequena, que não havia dinheiro na família para gastos extraordinários, e a inquietação da vinda do Papai Noel para deixar alguma coisa no sapato.

Também havia as pastorinhas e eu era do Cordão Azul, e certa vez disse uns versos, feitos por meu pai, em honra da contramestra.

Minha mãe não queria que fosse à Missa do Galo: "Você acaba dormindo e atrapalhando os outros na igreja". Eu insistia, mas na hora já estava mesmo dormindo, e só na manhã seguinte via que fora logrado.

Havia também o aluá na casa do Professor José Antônio, e a senhora dele era tão gorda que não podia levantar-se da rede.

Mais tarde, já taludinho e seminarista, depois da missa na Matriz, saíamos a cavalo, a toda pressa, batendo no areão da estrada, para celebrar nas Bananeiras e na Baixinha. Estou ouvindo, agora mesmo, os sinos das pequenas capelas, vozerio da feira defronte para vender gengibirra, cachaça, garapa de cana e pequenas coisas. Jogava-se também jaburu. No fim estava morto de sono e o Padre Maximiniano dizia: "Todos se divertem e nós temos que fazer estas viagens!". Recordo muito bem, ainda agora, o cheiro do mato próximo misturado ao cheiro de manjericão, de hortelã e de perfumes que as mulheres usavam no cabelo.

Mas era um encanto para mim ouvir de novo o Evangelho, narrando o nascimento de Jesus. Como deveria ter sido bonito, os anjos descendo no campo onde dormitavam os pastores, com céu iluminado pela Estrela do Oriente e o cântico: "Nas alturas, glória a Deus, e, na terra, paz aos homens de boa vontade". Era como se eu estivesse vendo e escutando a cena, naqueles lugares tão distantes e tudo tendo acontecido há tanto tempo.

Depois, passei muitos anos sem ir à Missa do Galo e descrente dos anjos, e muita Noite de Natal fiquei fazendo plantão na United Press, e o mais que ouvia era o grande sino do Mosteiro de São Bento.

Certa vez, deu-me na cabeça ficar sozinho na minha ilha. O céu estava tão limpo e tão cheio de estrelas que foi como se não me tivesse faltado companhia. Mas que solidão impressionante e que silêncio terrível naquela noite, tão quente e sem aragem do mar! Os empregados indagaram se eu não queria um caldo de cana. Eu disse que não queria nada e desejava passar ali sem nenhuma pessoa perto. Acharam esquisito, mas foram embora e eu fiquei esperando que tocasse a meia-noite. Não havia nem sino nem relógio que tocassem.

De outra feita, estava exilado em Paris e fui à Madeleine, onde se pagava a cadeira. E o que me encantou foi um prelúdio de César Frank no órgão. Eu tocava esse prelúdio também, mas foi aí que compreendi como o executava mal.

Anos e anos, agora, tenho ido ao São Bento e tenho a curiosidade de ver como vão faltando muitas pessoas que costumavam ir e que agora não vão mais, porque morreram. Houve uma falha, em 1948. É que eu estava em Roma e Pio XII concedera-me a honra de convidar-me para assistir em sua capela particular, a Capela Matilde, às duas missas que celebrava, a do Galo e a da Aurora.

Tudo tão simples e belo, sem nenhuma pompa. O Papa rezando os ofícios como se fosse apenas o vigário de uma pequena paróquia. E as outras pessoas presentes eram da família Pacelli ou membros do corpo diplomático. Mas Roma inteira floriu-se de sons e eu me senti leve e místico, os olhos cheios de imagens novas e de recordações do trópico, no frio que fazia. Era já de madrugada.

Há dentro de mim certa unidade do Natal, que faz que todos se integrem e completem, num quadro único. As lembranças vêm juntas e não conseguiria separá-las. Todas formam o Natal de minha vida.

O Cruzeiro,
27 de dezembro de 1958

AUSTREGÉSILO DE ATHAYDE

ESTRELA DE BELÉM

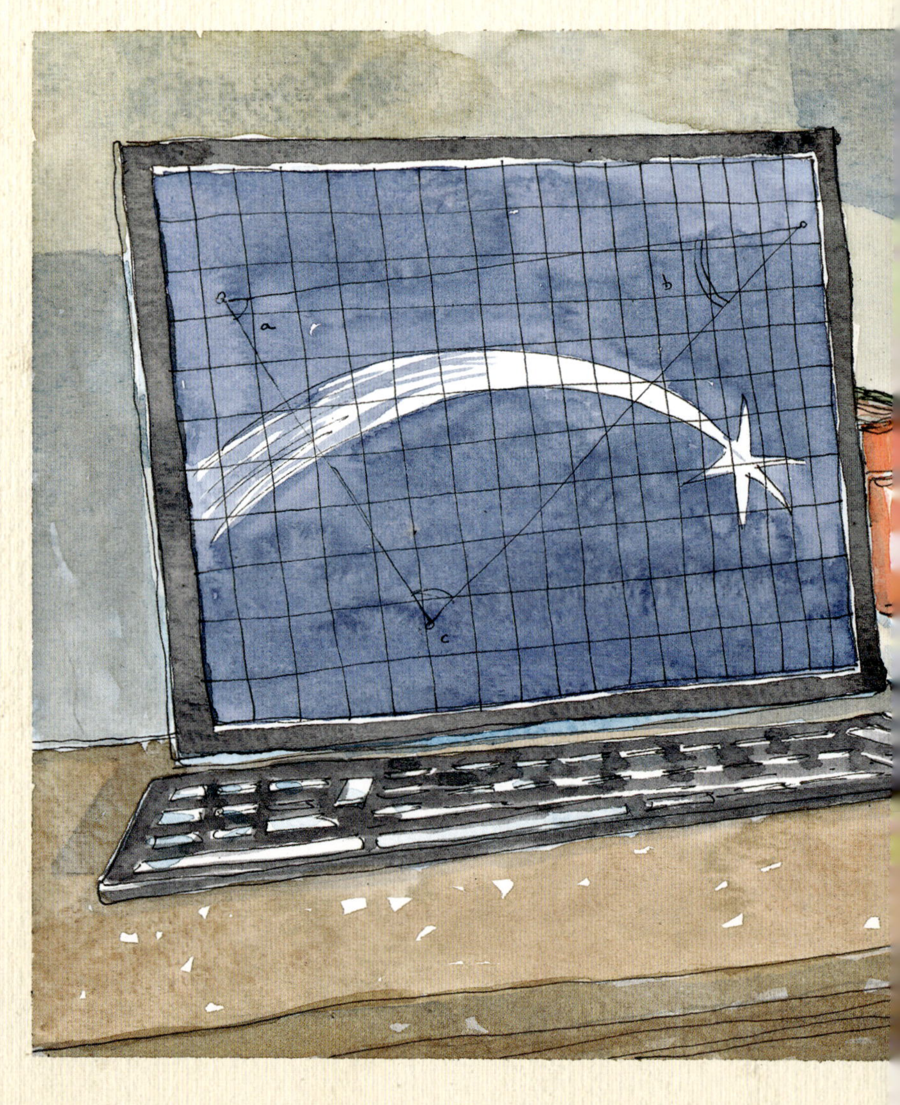

Vã e temerária, a tentativa do Doutor Richardson, astrônomo do famoso observatório de Mount Wilson, para determinar qual foi a estrela que guiou os Reis Magos até a gruta de Belém, para a adoração do Menino Jesus. É ao mesmo tempo um desafio aos poderes infinitos da divindade.

Como todos sabem, pela narrativa dos Evangelhos, o nascimento de Cristo coincidiu com portentosas manifestações no céu. Houve uma grande luz do lado do Oriente, apareceram anjos aos pastores para anunciar-lhes o acontecimento da manjedoura e vozes celestiais entoaram o mais famoso cântico: "Glória a Deus nas alturas e na terra paz aos homens de boa vontade!". Esse cântico ressoa, há dois mil anos, e pelos tempos dos tempos ainda ressoará. A estrela luziu no céu como nenhuma outra e, seguindo a sua claridade, vieram os três soberanos orientais, cada qual trazendo a sua dádiva para prestar ao recém-nascido o tributo de humilde vassalagem.

Tudo isso está contado com palavras singelas no livro indubitável. Mas os homens da ciência amam as comprovações. Por isso não tem faltado, no curso dos séculos, quem tenha sido tentado pela mesma curiosidade que mordeu o Doutor Richardson: que astro, dos que vivem presos às leis invioláveis da mecânica celeste, brilhou no Oriente, na data aproximada do nascimento de Jesus? Terá sido o cometa de Halley, que ressurge com todo seu esplendor de setenta e cinco em setenta e cinco anos? Aquele mesmo que eu muito menino vi, em 1910, tomar metade do céu, com a sua cauda translúcida de opalina? Ou, quem sabe, foi uma estrela Nova, dessas que não se conhece por que causa como que explodem num clarão intenso, mas de pouca duração?

E formula o sábio ainda terceira hipótese: uma simples conjunção de planeta, dando a impressão aos pobres habitantes da Terra de que algo de extraordinário alterou a plácida vastidão do firmamento. E afundam os doutores no exame do problema, forjando para dar explicações corriqueiras, dentro da rotina inalterável dos fenômenos regidos pela lei da gravitação universal, ao que a Fé dos homens atribui a decisões sobrenaturais, a desígnios imprevisíveis, nos arcanos do próprio Deus.

Nesse plano, Doutor Richardson, ou se aceita tudo ou não se aceita coisa nenhuma. O que é narrado nos Evangelhos a respeito da Encarnação contém mistérios que não admitem especulações do tipo da que o sábio americano empreendeu, em Mount Wilson, para estabelecer a origem física da luz da estrela de Belém. Creio que à simples razão humana, nos seus cálculos limitados, a narrativa contém elementos menos verossímeis do que a aparição de um astro para conduzir ao presepe da Cidade de Davi os três Reis Magos do Oriente.

Na onipotência divina, mover no céu um clarão é alguma coisa sem a mínima transcendência. Já uma coluna de fogo havia guiado o povo judeu no deserto. Não foi o cometa de Halley, tão esplendoroso em sua magnificência, nem uma estrela Nova situada a milhares de anos-luz, nos confins de alguma galáxia ainda desconhecida, nem o encontro aparente do planeta. O que houve foi mesmo uma luz que o Senhor ordenou orientasse os potentados para ajuntar ao nascimento de seu Filho um sinal da universalidade de sua missão. Era o gentio que vinha reconhecer e proclamar a suserania de um rei que não seria apenas dos judeus, mas de todos os povos da terra.

Há na teimosa atitude dos sábios, empenhados em fazer coincidir a estrela de Belém com as aparições e fenômenos da ordem a que se acham subordinados os astros, um índice de incredulidade, o secreto desejo de reduzir a sobrenaturalidade dos acontecimentos evangélicos a meras condições da ignorância humana ou à mesquinha proporção das fábulas mitológicas. Como se não houvesse nas próprias lições da Astronomia, nas surpresas constantes que as pesquisas do céu vão apresentando, à medida que se aperfeiçoam os instrumentos de penetração dos espaços, coisas que atestam um poder infinitamente mais grandioso do que o que foi necessário para acender por alguns dias, nos lados do Levante, um pequenino farol que Baltazar, Melchior e Gaspar seguiram para levar os seus presentes, o ouro, o incenso e a mirra, àquele que viera para cumprir as grandes profecias.

O Cruzeiro,
25 de abril de 1959

AUSTREGÉSILO DE ATHAYDE

A GRANDE NOITE

Foi em si mesmo um acontecimento dos mais tristes e humildes, tanto pelas pessoas, paupérrimas e desconhecidas, quanto pelo lugar, a manjedoura abandonada de uma gruta de Belém. A noite era fria, no começo do inverno; talvez nevasse. Mas havia o édito de César a ser cumprido. Todos iam registrar-se, para que Roma conhecesse o número dos seus súditos, em todas as partes do mundo, até os confins do império. O Procurador da Judeia ali estava para cumprir a lei, e quem ousaria desobedecer?

É certo que, em Nazaré, parentes e amigos haviam dito que seria uma imprudência fazer a viagem naquelas condições, quando se aproximava a hora de Maria, a esposa do carpinteiro, e não lhe

convinha expor-se ao desconforto e à intempérie. Ninguém os demoveu. Teriam de ir à Cidade de Davi para dar os nomes, conforme fora ordenado.

Também os pastores vieram de longe para alistar-se, temerosos de que fosse coisa dos publicanos para aumentar as rendas do fisco ou, pior ainda, que os arrolassem no serviço militar. E, quando lhes disseram que estavam livres e poderiam regressar aos seus campos, encheram-se de alegria. E muitos beberam do generoso vinho e, como já era tarde, com a noite subindo dos vales para o alto das colinas, acharam que seria melhor dormir nas vizinhanças da cidade, em companhia de conhecidos que vigiavam os rebanhos.

E, antes, muito conversaram, lamentando a dureza dos tempos, a paga quase nenhuma e o implacável rigor dos senhores. E, apesar de tão moços, não lhes restava a mínima esperança; felizes, contudo, porque ainda ganhavam o escasso pão de cada dia, guardando as ovelhas contra os lobos famintos que desciam das montanhas.

E, assim, vencidos pelo cansaço da caminhada, começaram a dormitar e não sabiam se estavam despertos ou sonhando, quando viram uma luz suave espalhar-se no céu, vinda de uma estrela solitária e, ao mesmo tempo, ouviram cânticos que se aproximavam e eram doces vozes que jamais haviam escutado. E, como ficassem amedrontados, apareceu-lhes um anjo e disse: "Não temais. Esta noite nasceu, na Cidade de Davi, o vosso Salvador. Ide adorá-lo na gruta onde se encontra". E sem que tivessem tempo de fazer alguma pergunta, os pastores viram que ali não estava mais o anjo, enquanto as vozes se afastavam, cantando: "Glória a Deus nas alturas e paz na terra aos homens de boa vontade".

E movidos por um impulso partiram e, como referissem o fenômeno a outros pastores que encontravam, foram recebidos com escárnio e indagavam se haviam bebido ou estavam loucos. E continuaram guiados pela estrela até a gruta, onde viram, espantados, que estava uma criança recém-nascida, repousando entre palhas secas. E puseram-se de joelhos, adorando, e já era quase pela manhã quando voltaram apressados, com receio de chegar tarde, e acharam os rebanhos pastando serenamente, como se dali não houvessem saído.

E Maria, ao ver aqueles homens que de surpresa se acercavam da manjedoura, tomou o menino nos braços, pensando que vinham para expulsá-los, e como nada acontecesse de mal e compreendesse que eram de louvor as palavras que diziam, o seu coração tranquilizou-se e dos lábios brotou o cântico de agradecimento e magnificência que os três jovens entoaram na fornalha quente: "Bendizei o Senhor, criaturas do Senhor; louvai-o e exaltai-o para sempre. Bendizei o Senhor, anjos do Senhor; bendizei o Senhor, céus do Senhor; bendizei-o, águas suspensas do Céu, Sol e Lua, astros do céu, chuvas e orvalho, ventos de Deus". E que todos os seres e todas as coisas o bendigam, pois não haverá na Criação nada de tão pequeno e humilde em que algo não se encontre que justifique o seu louvor. E, por todos os meios deve ser louvado: ao som da trombeta, da lira e da harpa, com pandeiros e danças, com instrumentos de corda e sopro, nos címbalos sonoros, nos címbalos retumbantes. Tudo que respira, louva o Senhor.

E já o Sol estava por cima das montanhas, e Maria, com o seu filho no colo, em pleno êxtase da maternidade, continuava rezando os salmos do maior de todos os poetas. Assim passara a grande noite.

O Cruzeiro,
26 de dezembro de 1959

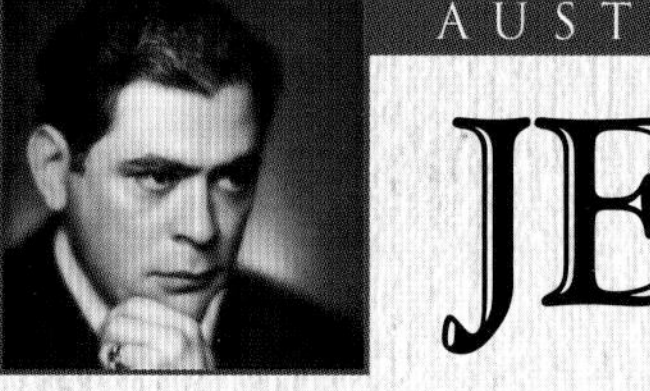

AUSTREGÉSILO DE ATHAYDE

JESUS NASCEU EM BELÉM

Um édito de César ordenara que naquele ano se fizesse o censo do povo. Cada qual deveria dirigir-se à Cidade de Davi para registrar o nome, o ofício, o lugar de habitação.

"Que deseja César?", perguntavam atemorizados. Falava-se em guerras, no aumento dos impostos e até mesmo na expulsão de certas tribos, apontadas como pouco simpáticas a Roma e à classe dominante dos sacerdotes do Templo de Jerusalém. Murmurava-se que, naquele ano, iriam cumprir-se as profecias com o aparecimento do Salvador prometido. As rebeliões mais recentes perduravam na lembrança do povo; a repressão sanguinária, o ódio, a miséria eram relatados pelos mais velhos.

César estava atento, pelos olhos dos governadores da Judeia, do Tetrarca, seu aliado, das legiões ímpias e brutais. Desobedecer ao édito seria o mesmo que denunciar-se como inimigo de Roma. Não seria aquele pobre carpinteiro

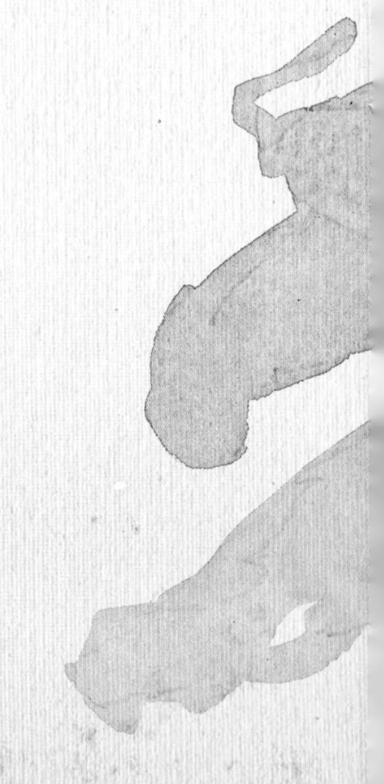

de Nazaré que ousasse semelhante desafio. "Maria está nas vésperas do seu grande dia", comentavam. "Como viajar até Belém, por esses caminhos povoados de salteadores e na quase certeza de não achar pouso na cidade?"

Nenhum argumento convenceu o carpinteiro. A lei tinha de ser cumprida. Assim o desejava também a corajosa mulher. Mais arriscariam, deixando de atender a ordem do governo, enfrentando a suspeita de revolta contra a autoridade de César e de cumplicidade com a rebelião latente.

Partiram e, como lhes tinham dito, não encontraram hospedagem em Belém, e já tarde da noite viram uma gruta abandonada, na qual se recolhiam animais de pasto. Ali estavam montes de palha seca para abrigá-los do frio. O céu tão claro, as estrelas vivas, e era pela meia-noite quando a mulher sentiu que chegara a sua hora.

Tudo se passou com simplicidade, ao jeito das outras mulheres do povo. O carpinteiro ajuntou as palhas e fez um pequeno berço, e os dois reclinaram-se sobre a criança, em atitude de adoração. Como todos os pais se reclinam e adoram os filhos que acabam de nascer. E agradeceram a Deus porque Maria não tivera dores do parto e o menino era forte e bem conformado. Os galos começaram a cantar e amiudavam, indicando que se aproximava a madrugada.

Assim, não se surpreenderam com a grande luz que enchia o espaço e José, saindo fora, viu que era uma estrela, no lado do Oriente, e não o Sol, que ainda não se levantara. Com o coração cheio de alegria pelo nascimento do filho, o carpinteiro não achou espantosa aquela claridade. Só depois, quando viu pastores que marchavam no rumo da estrebaria, começou a ter medo. Quem sabe aqueles homens eram proprietários do lugar, ou vinham em seu nome para tirá-los dali? Aonde iriam então, no começo da fria madrugada, e o menino envolvido em farrapos?

E aumentava a luz e mais perto estavam os homens, e o carpinteiro escutou as suas vozes e percebeu que eram cânticos. Chegaram e ajoelharam-se ao lado do berço, e, como o carpinteiro estranhasse o que faziam, um deles que pareceu mais velho contou que, estando naquela noite na guarda das suas ovelhas, foram despertados por um coro celestial, precedido do clarão de uma estrela que se movia no firmamento, e eram anjos que diziam: "Glória a Deus nas alturas e paz na terra aos homens de boa vontade!". E, como se mostrassem atemorizados, adiantou-se o que parecia ser o chefe e disse: "Não temais. Grande notícia vos damos. Nasceu hoje, em Belém, o Salvador, que é Cristo, o Senhor. E isso vos será dado como sinal: achareis o menino envolto em panos e deitado numa manjedoura". E repetindo a antífona, ausentaram-se os anjos para o céu e era uma multidão dos exércitos celestiais.

Assim foi a narrativa do pastor, e o carpinteiro parecia maravilhado, enquanto sua mulher, ao lado da criança, conferia aqueles fatos no seu coração, recordando o que lhe dissera o Anjo, no começo de sua gravidez: "Bendita sois entre as mulheres. Bendito é o fruto de vosso ventre".

Voltaram os pastores, glorificando e louvando a Deus, e a estrela apagou-se esmaecida no clarão da manhã. E todas as coisas retornaram à serenidade, como se nada houvera de extraordinário, até que vieram três reis orientais, dizendo que os guiara uma estrela, e ofereceram presentes de ouro, mirra e incenso, símbolos da realeza, ajoelhados diante do Menino.

O carpinteiro e a mulher voltaram a Nazaré, e, passados oito dias, levaram a criança ao Templo, para a circuncisão, e foi-lhe consagrado o nome de Jesus. E José e Maria, segundo a lei, sacrificaram a Deus um par de rolas, que era o que podiam ofertar, em sua indigência.

O Cruzeiro,
24 de dezembro de 1960

AUSTREGÉSILO DE ATHAYDE

IDENTIFICAÇÃO COM O CRISTO, NOSSO SENHOR

O pequeno de doze anos voltou-se, feroz de ceticismo e vitorioso em sua descrença, para a mãe e desfechou-lhe a pergunta rebelde: "Você acha que ainda há criança que acredita em Papai Noel?". Respondeu a senhora que, sem dúvida, muitas crianças estão certas da existência do bom velhinho que dá os presentes de Natal, pois recebem, na grande noite, os brinquedos que ele oferece.

Ouvi a conversa e pus-me a meditar. De fato, as crianças, quando começam a fazer uso da razão, começam também a nutrir grandes dúvidas a respeito da vinda do Papai Noel, enchendo-lhes os sapatinhos de tantas lembranças agradáveis. É próprio do menino tentar as primeiras penetrações nos mistérios das coisas, e a existência de Papai Noel é dos que logo sofrem as impugnações do seu raciocínio curioso.

Eu mesmo tenho bem nítida a recordação de quando surpreendi minha mãe colocando nos meus chinelos de menino pobre os vasinhos de barro que Papai Noel comprou para alegrar a minha manhã de Natal, faz tantos anos. Comuniquei o fato aos meus irmãos e todos ficamos certos de que não havia velho nenhum trazendo uma cesta de brinquedos e presentes às costas, para alegrar o dia do nascimento de Jesus, no coração das crianças.

Assim andei pensando durante muito tempo, até que, com o amadurecimento da vida, fui verificando que Papai Noel, ao contrário do que acham os meninos, existe. E existe tal como o pintam, vestido de roupa vermelha debruada de branco e que brancas também são suas longas barbas e pejado de dádivas maravilhosas o imenso saco que conduz em suas costas possantes. E que sobrevoa o mundo inteiro e onde há casas com chaminés, nas terras frias, é por elas que desce ao quarto onde dormem as criancinhas, para levar-lhes o contentamento dos seus maravilhosos presentes. E nas terras de cálido dezembro entra pelos telhados, ou abre com o seu poder as portas e realiza, na noite de Natal, a esplêndida tarefa de alegrar as almas inocentes, para que ninguém deixe de partilhar dos júbilos universais pela vinda do Senhor.

Que os meninos duvidem da existência de Papai Noel, admito e compreendo. Mas os homens já maduros e os velhos que, de tanto viver, devem ter acumulado as melhores experiências da vida, não podem um instante que seja externar a mínima dúvida a respeito dessa grande figura, de existência palpável e que se manifesta, todos os anos, como um milagre de constância e bondade, em todas as partes da terra cristã. Pois se aí estão os brinquedos e os presentes, as cestas pródigas, os mimos que ele liberaliza a ricos e pobres, como iremos dizer que não existe tão benfazeja personalidade? Posso concordar, talvez, com a ideia de que Papai Noel não seja um só, mas numerosos e múltiplos, o que longe de contestar a sua existência, representa uma viva confirmação.

Não lhe vamos emprestar a falível e transitória condição humana de ser de carne e osso. Os trajes, as barbas, aqueles sapatos próprios das regiões glaciais, não são necessariamente a indumenta do bom velhinho quando se transporta às terras dos trópicos, onde é raro, na gloriosa noite, soprar sequer uma aragem refrescante. O que importa é reconhecer, como fato muito acima da argumentação dos céticos e dos homens sem fé, sobretudo dos meninos que querem afirmar a sua independência, destruindo as fábulas que os maiores lhes contam, é a presença do espírito de Papai Noel, através do qual nos dá, com tanta generosidade, o testemunho de que existe para cumprir, no Natal, a sua missão insuperável.

Para que negar essa grata presença que se denuncia por tantas formas agradáveis e salutares e é sempre mensageiro de alegria e de paz e repete, faz séculos, a grande e eterna promessa de que foram portadores os anjos, no cântico da gruta de Belém?

Meninos não sabem o que perdem, quando se desfazem de semelhantes ilusões; têm diante de si a vida inteira para buscar outras realidades. Mas os homens feitos aprenderam muito, na lavragem deste mundo, para eliminar assim gratuitamente de suas crenças uma personagem como Papai Noel que, até o último momento, ainda é capaz de proporcionar-lhes um pouco de fantasia.

Hoje encontro muito mais verdade nos contos, nas fábulas, na poesia do que nos sonhos dos filósofos e nas pretensas conquistas dos sábios. Esses variam, contradizem-se, reduzem à vil matéria, perecível e eternamente cambiante, aquelas certezas ingênuas que nos acompanham, como o melhor viático, até que passemos além-fronteira, para o frio lugar onde não existe mais amor.

Quando se aproxima o Natal, o meu coração fica aos pulos, imaginando o que me trará em sua larga sacola, o velho de mãos abertas que vive para dar, quando à meia-noite, eu ouvir mais uma vez o coro do céu, exaltando o nome de Deus nas alturas e dizendo que haverá paz aos homens de boa vontade. Essa boa vontade que escorreu sempre de minha alma, como de fonte pura e inesgotável e que é a minha única identificação como o Cristo, nosso Senhor.

O Cruzeiro,
23 de dezembro de 1961

AUSTREGÉSILO DE ATHAYDE

LUZ SOBRE ROMA

Naquela noite, o historiador Caio Pompeu decidiu reunir alguns dos amigos mais íntimos para celebrar a sua volta, são e salvo, de longa viagem à Germânia, onde fora auxiliar do procônsul Hélvio, movido, sobretudo, pelo desejo de colher dados e informações sobre as tribos guerreiras que ali inquietavam a segurança do império. Viera mais magro, com pequenas entradas de calvície, e isso serviu de comentários jocosos dos presentes. O poeta Terêncio, o mais galhofeiro deles, observou que Caio Pompeu, sem dúvida, se excedera nos vinhos e nas louras mulheres, enquanto o filósofo Públio considerava inútil ir a regiões tão distantes para conhecer novas gentes e novos costumes, uma vez que o homem é, por toda a parte, e sob quaisquer condições, o mesmo, e basta ir aos subúrbios de Roma para encontrar os melhores exemplares das raças bárbaras que habitam os confins do império.

"Poderias ter visto e conhecido tudo quanto viste e conheceste, sem te arredares das vizinhanças do Capitólio". E Terêncio acrescentou: "Melhor ainda os teria conhecido e visto, dentro do próprio Capitólio".

Semprônio, um dos mais jovens membros do Senado, cujas ambições políticas eram objeto de comentários nas rodas que se ocupavam dos negócios do Estado, disse que Caio Pompeu voltava a Roma numa hora especialmente feliz. Reinava completa paz

em todo o império. Das mais remotas colônias do Oriente até as Ilhas Britânicas, o poder de César estava consolidado. Os chefes bárbaros submetidos pagavam fielmente o tributo a Roma. Os recentes mensageiros, vindos das Gálias, assinalavam a rendição das últimas tribos que ainda ofereciam resistência. Jamais, em nenhuma outra época, fora mais completa a segurança do povo romano, nem maior a prosperidade.

Falou-se de poesia. Terêncio recitou episódios da *Eneida*. Celebrou-se a excelsitude do poeta; dividiram-se as opiniões; alguns achavam que ninguém exprimiu mais vivamente a grandeza do gênio latino do que Horácio. Lembrou-se da *Ode secular*. Outros falaram mal de Cícero, tentando explicar a ação de Catilina, e alegando que o grande orador fora exagerado contra Verres. Contaram-se episódios das últimas lutas civis. Confidenciaram-se intrigas amorosas, saindo na conversa o nome de algumas das mais altas damas do palácio. Caio Pompeu pediu discrição. Não desejava envolver-se em assuntos que pudessem melindrar o imperador.

Servira-se muito licor das vinhas que cultivam nas margens do Reno e era zelosamente guardado na adega do anfitrião. A atmosfera da sala impregnava-se do fumo das candeias de óleo e dos aromas de resinas orientais.

Dentro em breve iria acabar o ano, alguns anunciavam a próxima partida para as vilas praieiras a fim de passar a estação mais fria. Terêncio abriu uma porta e dirigiu-se ao pátio externo, para respirar o ar mais leve e puro da noite. Aqui e ali, reclinados sobre a mesa, alguns convivas dormitavam, com o sono pesado que as bebidas provocam.

De repente, ouvem-se assustados gritos de fora. O poeta exclamava: "Venham! Venham ver uma grande luz que está vindo do Oriente. Ainda não é a madrugada; o Sol está longe. Que luz é essa, assim tão viva e ao mesmo tempo tão suave?". Correram todos a olhar para o céu. Aquela claridade vinha de uma enorme estrela que se movia, lentamente, na direção do leste.

Cláudio Nepos, que estudara astronomia no Egito, declarou que não conhecia aquele astro. Jamais o vira no firmamento. "Um cometa!" – exclamou Semprônio, transido pela superstição de que é o sinal de desgraças para a cidade. "O cometa que apareceu no céu, nos idos de março, quando César foi morto!" Todos se calaram no terror das calamidades que aquela luz estava anunciando. Cláudio Nepos disse que não era um cometa, e sim uma estrela, das maiores e mais belas que os seus olhos já haviam contemplado. Nenhum cometa jamais espalhara tão vasta claridade, a lançar-se do Oriente sobre o universo inteiro.

Pararam na contemplação muda da estrela que se alteara à metade do céu. E quando estavam assim no êxtase dessa contemplação, começaram a escutar uma música de estranha e penetrante harmonia, e puderam ouvir, vindo da altura, um cântico numa língua que ninguém parecia entender. Foi quando um jovem de nome Pôncio, que se mantivera calado durante toda a festa, informou aos presentes: "Parece-me compreender o que dizem estas vozes misteriosas. A língua, segundo creio, é o aramaico, e posso traduzir as palavras. Ouço que canta: "Glória a Deus nas alturas. Paz na terra aos homens de boa vontade".

"Que significará isso?" – perguntaram quase a uma voz. "Não sei", disse Pôncio. "Não posso adivinhar o que isso significa."

O Cruzeiro,
30 de dezembro de 1961

AUSTREGÉSILO DE ATHAYDE

OFERENDA DE NATAL

O Natal aproxima-se e as esperanças do mundo como que voltam a encher os corações. Os dias que vivemos são de tal modo cheios de dificuldades, apreensões e ameaças, que o Espírito busca refugiar-se em alguma força protetora, e nenhuma melhor do que a fé que nasce da contemplação do mistério do Natal.

Não é necessário possuir convicções religiosas para sentir o influxo benéfico da atmosfera que se cria no mundo, nestes dias de celebração do nascimento de Jesus. E pode-se ver que isso é verdade, quando homens e povos que não pertencem à família cristã comungam também na aura de esperança que percorre as almas, nas festas singelas da comemoração de Belém.

Para mim, a significação maior do Natal vem de que o berço de Jesus é um fulcro de igualdade entre

os homens. A escolha de uma escura e lôbrega manjedoura para lugar de nascimento de Deus feito homem não foi casual. Obedeceu a um desígnio ligado à mais profunda significação do Cristianismo.

Vindo à luz naquele sítio humilde entre os mais humildes, Jesus estabeleceu que a verdadeira realeza não se vincula a condições sociais. Repetiu a escolha dos menos favorecidos da sorte ao nomear os apóstolos e discípulos entre pescadores do lago de Genesaré.

Porque não veio para consagrar a riqueza e o poder, e sim para exaltar os pobres e os fracos. Veio, principalmente, para mostrar que todos os homens têm a mesma origem na vontade de Deus que os criou, e que essa origem comum faz da humanidade uma família ligada pelo amor.

O grande mal do mundo moderno, disse-me uma vez o arcebispo de Paris, Cardeal Suhard, vem de que o povo abandonou o Cristo.

Deveríamos todos fazer um exame de consciência para averiguar por que o povo se afastou ou se está afastando do redil cristão. Temo que esse abandono seja menos da responsabilidade das ovelhas do que da desídia dos pastores. São os pastores que devem voltar, leal e sinceramente, ao Cristo e estou convencido de que o povo novamente os acompanhará.

E o caminho da volta ao Cristo é o da humildade, da caridade, do amor ao próximo. Não é o caminho de orgulho, suficiência e altivez, e sim de submissão, modéstia e devoção ao bem e à verdade.

Aqui está de novo o Natal, e o que ele nos traz como supremo presente é a renovação da esperança. Nada nos acontecerá de terrível, se em nossos corações, como suprema oferenda do Natal, oferecermos, uns aos outros, o pábulo da Fé, da Esperança e da Caridade.

Revista Natal,
dezembro de 1961

AUSTREGÉSILO DE ATHAYDE

FANTASIA DO NATAL

Perguntei-lhe, com certa ansiedade, se não podia contar-me, mais uma vez, tudo, com o máximo de minúcias. Era de grande interesse registrar o acontecimento com todos os pormenores, em benefício do seu conhecimento completo, visto que tantas coisas transcendentes com ele se relacionavam.

Tentou novo esforço de memória, apertando os olhos cegos e, passados alguns instantes de concentração: "Já faz tanto tempo", disse. "Tudo passou há mais de quarenta anos, quando eu tinha pouco mais de vinte. Já narrei tantas vezes! Não acredito que haja esquecido o que quer que fosse daquela noite misteriosa."

Houve uma pequena pausa e, como quem acabava vencendo certa resistência íntima, falou o seguinte: "Podem pensar que estou mentindo. Já não vive nenhum dos companheiros. Sou o último dos que testemunharam os fatos e, quando os repito, os ouvintes se mostram duvidosos e indagam se não fui vítima de alguma alucinação. Estou certo de que vimos tudo e, em inúmeras ocasiões, comentamos a estranha visão, os cânticos, a estrela e a pequena viagem que fizemos, na madrugada, para encontrar o Menino reclinado em sua manjedoura.

Foram morrendo os pastores e, por fim, não dávamos maior atenção àquela história da mocidade. Trinta anos mais tarde, apareceu pregando na Galileia um novo profeta chamado Jesus; interessou-me pelo que dizia; acompanhei-o de longe. Um pescador do lago, de nome Pedro, que fora meu amigo de juventude, falava com entusiasmo do novo Messias; não tive ânimo para ajuntar-me ao grupo. A vista começava a faltar-me.

Soube depois que fora preso em Jerusalém e condenado à morte na cruz. Um dia, um dos seus seguidores, de nome Mateus, procurou-me. Ouvira dizer, não sei de quem, que eu e outros pastores tínhamos presenciado fatos extraordinários, em certa noite longínqua de dezembro. Queria que repetisse e escreveu a minha narrativa.

Na verdade, nada esqueci, tamanha foi a impressão que me causara. Dormitávamos apenas, pois era preciso vigiar o rebanho contra lobos e ladrões, sobretudo esses últimos que vinham de longe, dos confins da Samaria, para roubar. Naquele tempo, com a dominação romana, os costumes afrouxavam-se; desobedecia-se à lei e nosso amo era implacável. De repente, vimos o campo iluminar-se e pusemo-nos de pé, assustados. E o pastor que nos chefiava disse: 'Não é nada. A luz vem daquela estrela'.

Percebemos que se movia lentamente e que era muito maior do que todas que estávamos acostumados a ver. Pouco depois, toda a planície estava clara, embora ainda fosse noite densa, e principiamos a ouvir sons harmoniosos, como se tocassem harpas, e os próprios animais levantaram-se, cessando de comer, com os ouvidos à escuta, como se estivessem maravilhados.

Logo um grupo de jovens vestidos de branco surgiu à nossa frente e foi enorme o nosso temor, pois não sabíamos quem fossem e como puderam de súbito apresentar-se diante de nós, e íamos fugindo quando o que entre eles parecia ser o que comandava levantou o braço e disse: 'Não temais. Estamos aqui para dar-vos uma grande notícia. Nasceu em Belém, numa pobre manjedoura, aquele que será o Salvador. Cumprem-se as Escrituras. Ide todos, seguindo o rumo da estrela, e o encontrareis reclinado no pobre berço, ao lado de sua Mãe'.

Terminadas estas palavras, foi incontido o nosso espanto vendo que todos haviam desaparecido, enquanto o ar se enchia de um cântico de extrema suavidade e pudemos escutar estas palavras que nenhum de nós jamais esqueceu: 'Glória a Deus nas alturas e paz na terra aos homens de boa vontade'.

Não sei dizer-lhe quanto tempo ficamos como que paralisados, sob o encanto daquelas vozes, até que um de nós exclamou: 'São os anjos que nos apareceram. Sigamos a estrela até Belém'. E fomos e vimos o Menino e falamos aos seus pais, contando o que acabava de acontecer. E já era quase manhã quando regressamos ao campo e o rebanho estava pastando sossegado e um júbilo estranho invadia a nossa alma.

Combinamos de nada dizer a ninguém, receando que nos tomassem por loucos, bêbados ou visionários. No entanto, alguém revelou um dia o segredo e tive que repetir muitíssimas vezes a história, tal como o fiz a Mateus e o faço agora ao senhor, provavelmente pela última vez, pois sinto que se completam meus anos".

Ainda quis que acrescentasse alguma coisa e instei para que falasse. Nada disse, porém, tendo ficado como se não me ouvisse, com os olhos vazios voltados para o horizonte, como num sonho.

De tais sucessos portentosos, dou testemunho.

O Cruzeiro,
29 de dezembro de 1962

AUSTREGÉSILO DE ATHAYDE

NATAL NA IGREJA DO SILÊNCIO

Vamos celebrá-lo ainda, pois os templos continuam abertos e a liberdade de ter fé não foi suprimida. Os sinos soam nos pequenos campanários, nas igrejas e nas catedrais, e os fiéis podem atender a seu chamado sem temer.

Isso que nos parece tão legítimo e tão profundamente ligado ao direito individual, para milhões de cristãos pode ser tomado como um crime que leva ao cárcere e ao desterro: crime de desafio às determinações do Estado ateu e intolerante.

Vamos celebrar o Natal, livremente, como nossos pais o faziam, entoando os cânticos da Grande Noite. Mas sabe Deus nos seus arcanos por quanto tempo ainda será possível fazê-lo! Muitas nações jamais pensaram que chegaria o dia sinistro em que os santuários seriam fechados e o culto a Jesus teria de ser feito no recôndito das casas, fora da vigilância da Polícia Política, e que a simples menção do Sagrado Nome faria incorrer em delito de punição inimaginável.

Pois isso aconteceu à Hungria, à Polônia, à Tchecoslováquia, à România, à Bulgária, à Albânia e à Iugoslávia, para não falar na Rússia. Em todos esses países a ideia da divindade foi banida e os que creem devem guardar a sua crença no peito, silenciosamente; o culto voltou às catacumbas e os cristãos acham-se expostos a castigos, tão cruéis como no tempo de Nero.

Bispos e padres são metidos nas prisões e mortos, tal como sucedeu aos Apóstolos nos tempos primitivos do Cristianismo. A perseguição estende-se e aprofunda-se e até mesmo no solo da América difunde-se a pestilência.

Não deveis dizer: "Entre nós, jamais isso sucederá!". Triste ilusão. Sucederá, e mais cedo do que se pensa, com a surpresa dos acontecimentos nefastos, se não estivermos alertas, se nos faltar coragem para a luta, se esmorecer dentro de nós aquele sublime valor dos que preferem a morte à escravidão.

Vamos celebrar o Natal com o pensamento nos fiéis que não o poderão fazer, porque se acham oprimidos. Que as nossas vozes se levantem, em intenção dos que estão mudos, e as nossas preces redobrem de piedade, com a lembrança posta naqueles que são obrigados a calar.

Apurai os ouvidos na Grande Noite, na hora maravilhosa do Natal, e estou certo que, se o fizerdes, escutareis o coro angélico, o mesmo que despertou os pastores, nas vizinhanças de Belém, para comunicar-lhes a grande notícia: porque nasceu numa gruta o Filho de Deus e lá se encontra, humildemente reclinado numa manjedoura, sob a adoração de seus pais.

Eram tão suaves e harmoniosos os cânticos, exprimindo o júbilo dos anjos: "Glória a Deus nas alturas e paz na terra aos homens de boa vontade!".

Quando os sinos lançarem no ar os timbres de sua alegria, nos templos iluminados das nações livres, entre as neves das zonas boreais e as aragens quentes do dezembro tropical, lembremo--nos dos que se escondem e oram na escuridão e no silêncio e, do fundo de sua desdita, entram em comunhão conosco, para todos juntos dizermos: "Pouco importa que as trevas dominem por algum tempo. Elas não dominarão para sempre. Não tardará que venha o Senhor para libertar os cativos e exaltar na perpétua luz aqueles que perseveram na fé. Ele é a glória da nossa vida. As mãos ímpias, que tocarem em sua arca sagrada, perecerão".

Parem e olhem o céu, cristãos de toda a terra. Há ainda a liberdade de fitar as estrelas. Uma delas estará marchando no rumo de Belém. É o caminho da Esperança e da Caridade. É o caminho da Paz.

Revista Natal,
dezembro de 1962

AUSTREGÉSILO DE ATHAYDE

ESQUECIMENTO DO NATAL

Voltaram as festas do Natal; as ruas estão enfeitadas de guirlandas e sinos; há presépios nas praças públicas, com o Menino Jesus em sua manjedoura; mas não é como na gruta de Belém, e sim colocada sobre um trono prateado.

Aquela vegetação não vem das matas brasileiras e aquelas renas puxam trenós sobre o gelo, enquanto a neve cai em flocos de papel.

Não, não eram assim as lapinhas do meu tempo. Junto ao Menino-Deus estavam animais domésticos, uma vaca e um burrinho, e as plantas nós as conhecíamos. E os cânticos angélicos não eram em língua estrangeira, mas na voz das pastorinhas, e podíamos repeti-los, de maneira que todo mundo compreendia os louvores a Deus.

Dir-se-ia que tudo muda e isso é o progresso. Mas a tradição é bela justamente porque não muda.

Bonitas são as festas do Natal em outras terras, com tantas luzes nas ruas. Mas a tradição das famílias permanece por toda a parte e isso é o que estamos perdendo.

Compreende-se que os comerciantes queiram vender as suas mercancias e tomem o Natal como motivo para aumentar seus cabedais e o lucro seja a intenção maior da festa que promovem.

Mas não se entende por que o povo se desnacionaliza, esquecendo as nobres lembranças do seu passado.

Vi o Natal em alguns lugares ilustres, mas falava pouco ao meu coração. Assisti à Missa do Galo celebrada pelo Papa XII em sua capela particular; vi-a celebrada pomposamente em catedrais magníficas. Mas quem disse que aqueles atos conferiam com as minhas ternas recordações de seminarista, quando, depois de ajudar no ofício divino, tomava o cavalo em companhia do vigário e a toda pressa íamos à Baixinha, aonde chegávamos quando começava a clarear as barras do dia.

O povo ajuntava-se na pracinha defronte da capela branca. Era um vozerio de gente jogando jaburu, comprando pés de moleque, tocando violas e vendedores apregoando bugigangas. Bebia-se aluá, capilé e gengibirra.

Havia um sussurro quando o padre desmontava no patamar, com o seu pequeno acólito atrás, e logo o sino da pequena torre bimbalhava, convidando os fiéis.

Não perdíamos tempo. O vigário corria logo à sacristia para vestir os paramentos sagrados. Eu metia o meu roquete de rondas.

A nave regurgitava; havia uma mistura de perfumes vegetais e as engomadas saias brancas das mulheres como que rangiam. Aqui e ali o choro de uma criança no colo da mãe chamava a atenção e alguns faziam "psiu", pedindo silêncio.

Logo a missa começava. Havia pressa. Antes do amanhecer teríamos de ir a outra capela e, às dez da manhã, era necessário estar de volta à Matriz.

Entre o "*Introibo*" e o "*Ite, Missa est*" não passava mais de meia hora. O padre abençoava, vinha muito povo beijar a mão; davam presentes de galinhas gordas, ovos, frutas e, alguma vez, um peru.

"Não podemos levar nada. Mandem deixar na minha casa", dizia o vigário.

"Seu vigário, tome uma xícara de café com leite" – e o padre engolia, com broa de milho. Daí a pouco, estávamos novamente montados. O sono era grande e eu cabeceava. O sol saía quente e fulvo, reverberando na areia da estrada nova. Quem iria falar de neve, naquela manhã dourada?

Certa vez, encontramos no caminho um grupo conduzindo uma rede. "Vai vivo ou morto?", perguntou o vigário. "Vai vivo", responderam. O padre aproximou-se do enfermo e abençoou. E partimos velozmente, fugindo ao espetáculo impróprio da Noite de Festas.

Ah, esqueci-me de dizer que o doente levara uma facada numa briga de jogo.

Em 1915 acolitei, pela última vez como subdiácono. Coube-me ler solenemente a Epístola; o celebrante fora o Padre Vital Guedes, na Matriz de Pacatuba.

Relembro essas coisas longas, enquanto Pio XII reza humildemente na Capela Matilde as Missas do Galo e da Aurora, como um padre qualquer.

Tive ímpetos de o responder com os ajudantes. Eram as mesmas palavras das missas do meu antigo Natal, nos lugarejos da freguesia de Cascavel. A Epístola, o Evangelho e tudo.

Eis a glória da universalidade daquele rito augusto. Vamos parar no fio do tempo.

Não há emoção nas lapinhas montadas nas praças pelos negociantes ávidos. Aquele imenso Papai Noel é de papelão vermelho e esconde apenas cobiça. Jesus Menino não está naquelas contrafações do seu pobre berço na gruta. Ele nunca viu trenó e não sabia da existência das renas que correm nos gelos árticos.

É preciso fechar os olhos e concentrar-se. Os anjos estão calados. Não se fala de Deus nas alturas para glorificá-lo. Não se pensa em paz entre os homens, nascida nos fluxos da boa vontade.

As tradições fundem-se no esquecimento.

O Cruzeiro,
5 de janeiro de 1963

AUSTREGÉSILO DE ATHAYDE

NOITE FELIZ

A voz feminina que não quis identificar-se, dizendo que não valia a pena, pois, em nada importava a pessoa que fosse, e sim a ideia que estava expondo, conclama-me para tomar parte na campanha de recristianização do Natal e muito suavemente pede que escreva aqui e noutras páginas em favor dessa volta à manjedoura.

"O Natal está irreconhecível" – disse-me – "porque o exploram sacrilegamente para fins comerciais".

Finda a conversa com a misteriosa interlocutora, que terminou dizendo que talvez fosse um anjo, ocorreu-me a lembrança de que já alguma vez me ocupara do assunto, estranhando que a grande festa estivesse perdendo as suas características antigas de reunião no lar, de encontro amoroso da família, de fervor religioso nas missas encantadoras do Galo.

Depois compreendi que estava acontecendo um fenômeno natural e que o Natal sofria apenas os efeitos da evolução dos tempos e das transformações inevitáveis por que passa a sociedade humana.

É impossível evitar que o espírito de negócio interfira com o espírito de Natal e que os recursos múltiplos, e em tantos casos realmente maravilhosos, da publicidade deixem de ser empregados como elementos de atração e conquista da freguesia.

Sendo hábito trocarem-se presentes na Grande Noite, há que oferecê-los, e daí surgirem as mil artimanhas com que o comércio

se desdobra para obter a preferência. O Natal torna-se um grande motivo de propaganda profana e cada qual que mais se esmere em criar novidades, usando de luzes e cânticos, de guirlandas e estrelas, de anjos e pastores.

Cada ano, a competição inspira e afervora as imaginações dos decoradores de vitrines e dos técnicos em publicidade, podendo-se mesmo dizer que existe agora uma arte natalina em que há tanto que admirar e não é possível, em nome da simplicidade cristã, vir nos jornais para dizer: "Acabem com isso!".

O melhor é aceitar as coisas como se apresentam e buscar nelas o que houver de bom sentimento, pois que esse também não falta aqui e ali, Papai Noel nos brinda também com surpresas espirituais que são inesquecíveis, no meio dos sortilégios engendrados pela cobiça.

Há gestos de piedade e de amor, através dos quais o Cristianismo adquire a sua maravilhosa pureza original, como, por exemplo, os dos comerciantes que de forma anônima enviam donativos a asilos e orfanatos e assim levam um pouco de alegria e consolação às crianças desamparadas, e não vejo como o Espírito do Natal possa revelar-se de maneira mais conforme com a humildade do nascimento de Jesus.

Ah, nem tudo está perdido neste mundo de maldades insondáveis! Ainda há muita crença e a fé jamais deixou de iluminar os corações.

A verdade é que por mais distantes que andemos, palmilhando caminhos ínvios e perturbadores no campo da filosofia, ou por descuidados que estejamos a respeito dos finítimos do homem, quando chegam os cânticos do Natal e vemos nas ruas a movimentação da Noite de Festa, sentimo-nos arrastados, ainda que por instantes, por força secreta, portadora de incríveis nostalgias e lembranças dominadoras.

Umas delas, a que jamais pude resistir e até lágrimas provoca, é a de meu tempo de seminarista, quando acolitava o vigário de Cascavel nas suas três missas da noite e com ele cavalgava, pela madrugada, rumo a um lugar de nome Baixinha, onde na minúscula capela, entre o povinho exultante, celebrávamos juntos os divinos mistérios.

Ainda agora, quase cinquenta anos passados, sinto o cheiro das flores do mato, o perfume das mangueiras e cajueiros em flor e aquele odor de centenas de mulheres, em suas saias brancas, além do murmúrio da gente e do som das toadas harmônicas e violas. Tudo para exaltar a grandeza do Menino Deus.

O signo do Natal é principalmente o da pobreza, é certo, mas nem só de pobres se compõe a humanidade.

Vieram os anjos para anunciar aos pastores deserdados da Judeia o nascimento do Ungido na estrebaria de Belém, mas a estrela do Oriente guiou também os Potentados até junto do lugar bendito.

Teremos recristianizado o Natal, na medida em que fizermos da sua festa um motivo para cultivar a paz entre os homens, pelo simples milagre da boa vontade. Eis a grande e definitiva promessa, diante da qual todas as complicações da ganância nada valem.

Noite Feliz!

O Cruzeiro,
28 de dezembro de 1964

AUSTREGÉSILO DE ATHAYDE

REVOLUÇÃO DO NATAL (I)

O maior acontecimento da vida universal, desde a criação, foi também o mais simples e humilde. Exceto a luz das estrelas e o cântico das vozes celestiais, tudo mais se passou como na existência ordinária dos homens. Um pobre carpinteiro de Nazaré e sua jovem mulher iam cumprir o édito de César, que mandara recensear o seu império. Chegaram à cidade de Davi, já repleta de forasteiros. A maioria deles gente de posses que encheu os albergues e, por mais que procurassem, José e Maria não encontraram lugar digno onde passar aquela noite. Noite fria e silenciosa, a maior de todas as noites, aquela que nos arcanos divinos iria durar, pelas suas transcendentes consequências, a própria duração da eternidade.

Tudo já previsto desde o começo dos tempos. A primeira lição dessa viagem é que nada foi deixado ao acaso e, quando os descrentes acreditam que estão desamparados, a Providência está vigilante e, sem que a aparência das causas o deixe perceber, na verdade o que sucede

é resultado de uma vontade imperativa e cuidadosa, conduzindo pelos caminhos escolhidos o destino de todos. Sim, havia em Belém, a cidade de Davi, um lugar abandonado, uma velha manjedoura, há muito fora de uso, onde ainda o mais necessitado não se lembraria de recolher-se, pois seria o mesmo que ficar ao relento, e não fora a palha úmida ajuntada, não haveria até mesmo onde reclinar a cabeça. Mais tarde seria escrito que até mesmo a menor ave do céu teria o aconchego do seu ninho, mas o Filho do Homem não teria jamais onde descansar da sua fadiga.

Não conheço páginas mais tocantes nem relato compatível, pelo sentimento que comunica aos corações, à narrativa dos Evangelistas sobre o nascimento do Senhor. Estavam pastores dormitando no campo, quando viram no céu um intenso clarão e vozes em coro entoaram cânticos desconhecidos e, como despertassem temerosos, veio um anjo de rútilas vestes que lhes disse que nada receassem, e deu-lhes a notícia de maior repercussão nos séculos dos séculos: numa gruta de Belém nascera o Salvador, o Messias prometido pelos profetas, que nascera do seio de uma Virgem e pertencia ao nobre sangue de Davi. E a teoria dos anjos entoou a antífona inesquecível e promissora: “Glória a Deus nas alturas e paz na terra aos homens de boa vontade”. Aí começou a revolução do Natal, o mistério da Encarnação de Deus como homem, a vinda do Príncipe da Paz e da Justiça, ímpar na grandeza, Filho único do Deus vivo.

Jornal do Commercio,
22 de dezembro de 1992

AUSTREGÉSILO DE ATHAYDE

REVOLUÇÃO DO NATAL (II)

A humildade da origem do sangue ou da condição social condena os homens a uma vida sem lustres porque, ao decidir assumir a natureza humana, o Senhor não escolheu o ventre de uma rainha para nascer e ter os luxos e as alvíssaras bombásticas de uma corte imperial. Deu preferência a uma mulher do povo, que nunca poderá distinguir-se entre as outras mulheres como portadora de um fruto bendito nos desígnios eternos para ser a Mãe de um Deus. Somente ele aguardava o segredo dessa revelação, no íntimo de sua alma. Os caminhos de uma vida gloriosa abriram-se a todos, homens e mulheres, sendo cada um galgado segundo as suas obras, e não mais pelo fausto do berço ou a potência dinástica. Quantos viveram na humilhação e no silêncio, e foram

violentados os simples de espírito e nada ganharam com as vaidades do mundo. A esses é que a ideia revolucionária do Natal trouxe a suprema liberdade e a bem-aventurança louvada no Sermão da Montanha.

No mundo que findou nessa meia-noite, que dividiu a história da humanidade, os pobres, os humilhados, os simples de coração deveriam conformar-se para sempre com a amargura da sorte. Mas, depois do Natal, foi dito que a pobreza e a humildade abriam as portas da vida eterna e tudo quanto antes assegurava o triunfo do espírito na academia platônica, na eloquência do Fórum Romano ou na sabedoria da Ágora, não seria levado em conta no juízo final. Na mensagem de Belém não ressuma apenas uma doutrina filosófica, um painel de arte e de aticismo, o pábulo de uma nova religião, ligando o homem a seu Deus, como foi no palácio de Buda. Algo mais transcendente se passou: no Natal de Cristo nasceu também uma nova humanidade, ou se quiserem um novo humanismo. Tudo mais que antes se fez foram preâmbulos e antecipações, por vezes proféticas, do advento natalino. Foi como se antecipara a morte do Grande Pan.

O Natal não foi uma fantasia de luz, de sons e de ritmos, mas um ponto de partida, acima das teologias ou teogonias, com a sua sublimidade e ao mesmo tempo pujança pragmática. Partiu-se a história, como mais tarde o véu do Templo, o paganismo passou a ser uma seara da conquista sob a luz inextinguível da estrela de Belém. O Natal é a súmula. Toda a missão de Jesus está escrita no seu berço e tudo quanto posteriormente aconteceu saiu dele, como o tronco, as frondes e os frutos das árvores nascem da minúscula semente. Depois dos grandes tumultos da história humana, celebramos afinal o advento da eterna paz.

Jornal do Commercio,
24 de dezembro de 1992

AUSTREGÉSILO DE ATHAYDE

NATAL NA BAIXINHA

Já assisti à Missa do Galo em catedrais vultosas e solenes, no esplendor do culto e dos parâmetros sacerdotais. No Vaticano, quando ali reinava o Papa Pio XII, o famoso Eugenio Pacelli. Naquele ano de 1948, a Missa do Galo e mais duas outras seguidas foram celebradas na Capela Matilde, com a presença pomposa, casaca obrigatória, do Corpo Diplomático. Tudo muito austero e solene. Mas não foi aí que senti mais profunda e comovente a celebração do Natal. Foi na Baixinha, distrito paroquial da matriz de Cascavel, quando seminarista acolitava o vigário Padre Maximiniano, de indelével recordação.

Depois da missa na Matriz, rezada exatamente à meia-noite, já aparelhadas as montarias, partíamos para a Baixinha. Uma hora mais tarde, depois de duro trote dos cavalos xucros, entrávamos, padre e sacristão, respondendo aos pressurosos pedidos de bênção de muitas centenas de homens, mulheres, velhos e crianças e ali, com as vestes rituais, dávamos início ao ato, entre o burburinho lá fora dos vendedores de tapioca, milho verde, capilé e aluás, anunciando com muito alarido as suas mercancias. O pequeno sino dobrava na hora da elevação da hóstia, momento único em que havia compungido silêncio e os jogadores de jaburu cessavam a gritaria dos seus lances.

Em torno da Lapinha, no átrio, o povo beijando os pés do Menino Deus pedindo graças, cheio de profunda fé. De volta, ambos já muito fatigados, padre e acólito, ouvi o Padre Maximiniano fazer-me esta observação: "A vida de sacerdote, para a qual você se prepara, tem muitas compensações místicas, mas exige sacrifícios muito grandes. É um árduo caminho para se chegar ao céu". Já eu dormitava montado no cavalo baio que conhecia bem certinho e de moderado trote a estrada de volta.

Jornal do Commercio,
27 de dezembro de 1992

SUMÁRIO

Impresso na gráfica da
Pia Sociedade Filhas de São Paulo
Via Raposo Tavares, km 19,145
05577-300 - São Paulo, SP - Brasil - 2013